NATALIE,

OU

LA FAMILLE RUSSE.

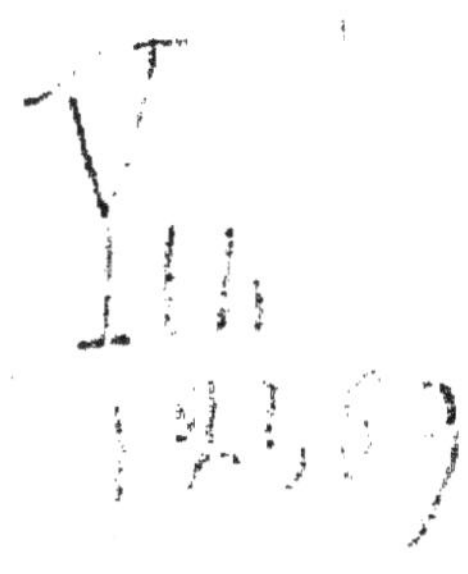

Paroles de M. ***.
Musique de M. A. Reicha.
Divertissemens de M. Gardel.

NATALIE,

OU

LA FAMILLE RUSSE,

OPÉRA EN TROIS ACTES,

REPRÉSENTÉ POUR LA PREMIÈRE FOIS SUR LE THÉATRE DE L'ACADÉMIE ROYALE DE MUSIQUE, LE 30 JUILLET 1816.

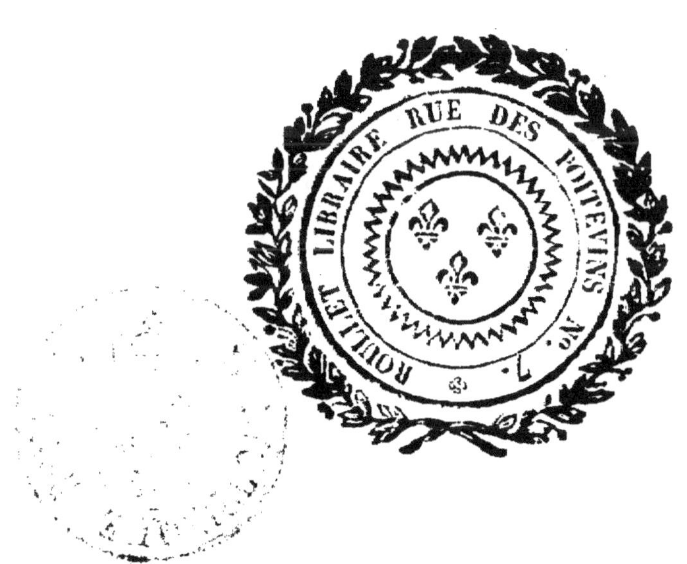

PARIS,

Chez ROULLET, Libraire de l'Académie royale de Musique,
Palais Royal, galerie du Théâtre Français, n°. 19,
Et rue des Poitevins, n°. 7.

1816.

IMPRIMERIE DE LE NORMANT, RUE DE SEINE, N°. 8.

AVERTISSEMENT.

On se demandera peut-être comment le malheur d'une famille reléguée au fond de la triste Sibérie, a pu sembler un sujet convenable à l'Opéra, et quels rapports des déserts glacés ont avec la richesse et la magnificence d'un Théâtre

« Où les beaux vers, la danse, la musique,
» L'art de tromper les yeux par les couleurs,
» L'art plus heureux de séduire les cœurs,
» De cent plaisirs font un plaisir unique ? »

VOLTAIRE.

Nous prions que l'on veuille bien jeter les yeux sur les observations suivantes :

A la vérité, les trois quarts de la Sibérie sont à la latitude de la Laponie et de la Norwége. Mais une bonne partie de la province de Kolivan, et tout le pays au sud du lac Baïkal, se trouvent sur la même ligne que Londres, Berlin et le nord du royaume des Pays-Bas. Et quoique les climats physiques ne correspondent point, à beaucoup près, à ces dénominations, il s'en faut bien cependant que l'intensité du froid, la stérilité du sol et le défaut de population soient aussi uniformes et aussi considérables que plusieurs personnes se l'imaginent.

Que l'on consulte les œuvres des géographes et les relations des voyageurs, on y verra que la cité d'Irkoust, autour et dans le sein de laquelle nous avons placé le lieu de la scène, est l'une des plus grandes et des plus belles villes de toute la Sibérie. Nul doute que son commerce presqu'exclusif avec la Chine ne la rende encore la plus opulente. Bâtie sur l'Angara, à peu de distance du lac Baïkal, ses environs sont agréables, sa position pittoresque, son terroir fécond et très-bien cultivé. La quantité des différens peuples qui s'y rassemblent pour leurs communs trafics, y jette une singulière diversité dans les costumes; et l'on remarque parmi ses établissemens une école de navigation tenue par des *Japonnais nés*. Siége d'un gouvernement, d'un archevêché et d'une juridiction souveraine, Irkoust se distingue en outre par la construction et la propreté de ses maisons; presque tous les appartemens sont garnis de meubles chinois. Les gouverneurs, ainsi que les nombreux magistrats et officiers qui y résident, y ont introduit le plus grand luxe, et Lesseps a vu circuler dans ses rues de brillans équipages, et des voitures fort élégantes (1).

On évalue à cent trente lieues la longueur du lac

---

(1) Voyez Lacroix, Pinkerton, Mentelle et Maltebrun, Gmelin, Bell, Lesseps, Pallas, etc.

Baïkal. Sa plus grande largeur ne va pas à dix-huit. Les rians jardins, les prés, les champs fertiles, sont épars avec profusion sur ses bords. Rien de plus admirable, selon *Bell*, que le contraste qui résulte de ces marques gracieuses de l'industrie humaine, avec les imposantes beautés que la nature y développe (1). C'est une vérité des plus notoires que ce lac est sujet à de brusques et dangereuses tempêtes d'assez courte durée, mais d'une violence effroyable. On en ignore la cause, et c'est pour cela peut-être, dit Pinkerton, que la Superstition, fille de la Peur, lui a donné le nom de *Mer Sacrée* (2).

Quoi qu'il en soit, nous avons fait entrer cette singularité dans les combinaisons de notre plan ; et par ce moyen, nous avons, à ce qu'il nous semble, ouvert un nouveau champ aux conceptions des artistes habiles qui dirigent à l'Académie Royale de musique les parties si essentielles des machines et des décorations.

---

(1) Ibid.
(2) Ibid.

ACTEURS ET ACTRICES

CHANTANT DANS LES CHŒURS.

SOLDATS DE RONDE.

MM. Lecocq, Picard, Prévost aîné, Ménard, Legros, Gaubert, Vaillant, Queillé.

MARINIERS.

MM. Lalande, Rey, Murgeon, Gillibert, Courtin, Gonthier.

PEUPLE ET PAYSANS. — BASSES.

MM. Devilliers, Leroy, Putheaux, Aubé, Levasseur, Romero, Richetaux.

TAILLES.

MM. Martin, Duchamp, Nocart, Léger, César.

HAUTES-CONTRE.

MM. Leroy, Gousse, Dumas.

FEMMES TARTARES.

Mmes Himm, Lefebvre, Bertrand, Maze, Bénard, Ménard aînée.

VILLAGEOISES.

Mmes Chevrier, Lacombe, Level, Mulot aînée. Cantagrel, Fersquel, Gasser, Rollet.

MARINIÈRES.

Mmes Valain, Laacknith, Mazière, Falcos, Lorotte, Augusta, Delboy, Peltier.

PEUPLE D'IRKOUST.

Mmes Proche, Dussard, Muller, Mulot cadette. Ménard cadette, Grosneau.

PERSONNAGES DANSANS.

ACTE Ier.

MARINIERS.

M. Ferdinand. Mlle Delisle. M. Antonin. Mme Courtin.
MM. Auguste, Ève, Gogot, Gronau.
Mlles Lemière, Nanine, Brocard aînée, Legallois.

VILLAGEOIS.

M. Albert. Mmes Bigottini, Fanny. M. Coulon. Marinette-Boissière, Bertin.
MM. Petit, Romain, Verneuil, Pequeux.
MM. Maze, Pupet, Foucher, Gallais.
Mlles Mont-Joye, Noblet, Gosselin, Podevin.
Mlles Guillet, Vigneron, Aubry, Aurélie.

ACTE III.

NOBLES HABITANS D'IRKOUST.

M. Mont-Joye. Mlle V. Saulnier, Gaillet.

SUITE DES NOBLES D'IRKOUST.

MM. Seuriot et Godefroy, Rivière, L'Enfant, Alerme Louis.
Mlles Adelaïde, Mont-Joye, Ferrette, Boucher, Coulon, Lily.

ASIATIQUES.

M. Albert. Mlle Bigottini.
MM. Petit, Romain, Banse, Paul, Brau, Faucher,
Mlles Aubry, Vigneron, Podevin, Darmancourt, Noblet, Aurélie.

ESPAGNOLS.

M. Paul, Mlle Fanny Bias.
M. Anatole. Mmes Anatole, Élie.
MM. Maze, Pupet, Verneuil, Gallais.
Mlles Guillet, Volet, Gosselin, Baudesson.

RUSSES.

M. Baupré, Mme Courtin.
MM. Auguste, Ève, Gogot, Gronau.
Mlles Lemière, Nanine, Brocard aînée, Legallois.

JAPONAIS.

MM. Olivier, Richard cad. et Richard aîné, Leblond, L'Enfant fils.

Ragaine, Desforges, Parfaits, Kaniel aîné, Salkin, Crombé.

Mlles Pean, Leroux, Paul, Mangin, Perceval, Legrand, Joly, Farci, Fourcisi, Beaupré, Roland.

PERSONNAGES.	ACTEURS.
Le Prince DOLOSKY, Gouverneur des provinces d'Irkoust.	M. NOURRIT.
VOLDIK, ancien Ministre et Général en chef des armées russes, exilé.	M. LAYS.
NATALIE, comtesse de Varemzor, sa fille.	Mme BRANCHU.
ALEXIS, fils de Natalie, jeune homme de quinze à seize ans.	Mlle GRASSARI.
Le comte DE VAREMZOR, également exilé.	M. DÉRIVIS.
PHOEDOR, commandant des troupes cantonnées sur les bords de l'Angara.	M. ELOY.
ROSINKA, paysanne tartare.	Mme JANNARD.
UN MARINIER.	M. PREVOST fils.
UN SOLDAT.	M. ALEXANDRE.
DEUX CORYPHÉES.	Mmes REINE. / LEBRUN.

La scène se passe dans la partie la plus méridionale de la Sibérie, sur les rives de l'Angara, proche du lac Baïkal; savoir : les deux premiers actes autour de la ville d'Irkoust, le troisième dans la cité même.

NATALIE,

OU

LA FAMILLE RUSSE.

ACTE Ier.

Le théâtre représente l'extérieur de la chaumière de Voldik, dans un vallon gracieux. Elle est sur un rocher à pic. Un balcon, appuyé sur des tiges de bois résineux, forme à la fois une petite terrasse, au-devant de l'étage supérieur, et au-dessous, une espèce de péristyle. Vis-à-vis, à gauche des spectateurs, un village mi-parti russe et tartare se développe sur le flanc de la montagne. Une grande route, plantée de cèdres et de hauts sapins, traverse le théâtre en plusieurs sens. Derrière cette route, et à travers les claires-voies qui résultent de l'espacement des arbres, on découvre une digue escarpée. Comme elle est censée retenir les eaux de l'Angara, il est très-essentiel d'en bien faire sentir le revers opposé. Quelques mâts de gros bateaux, garnis de leurs vergues, banderolles et agrès, et saillans au-dessus de la crête de la digue, révèlent en cet endroit l'existence d'un port sur la rivière. On remarque, près de l'avant-scène, du côté de la loge du Roi, les premiers plans d'une vaste forêt.

SCÈNE Ire.

ROSINKA, JEUNES TARTARES *des deux sexes, rassemblés devant la demeure de Voldik, et appelant Alexis, qui paroît sur la petite terrasse.*

LE CHŒUR.

ALEXIS ! l'amitié t'appelle :
Réponds à ses vœux.

SCENE II.

ALEXIS, *entrant sur la scène.*

J'ACCOURS auprès d'elle.

LE CHŒUR.

Apprends la nouvelle
Qui remplit ces lieux.

ALEXIS.

Eh ! quelle nouvelle
Vous rend si joyeux?

LE CHŒUR.

De cette province
L'espoir et l'amour,
On dit qu'un grand Prince
Arrive en ce jour.

ALEXIS.

Un Prince arrive en ce séjour?

LE CHŒUR.

Et les plaisirs, les ris, la danse,
Y vont célébrer sa présence.

SCÈNE III.

LES PRÉCÉDENS, UN MARINIER.

LE MARINIER, *accourant.*

O mes amis! que faites-vous?
Cessez vos jeux, accourez tous.
L'Angara débordé se répand dans la plaine;
Et sa fougue entraine
Rochers et maisons,
Troupeaux et moissons.

LE CHŒUR.

Quel accident épouvantable!

LE MARINIER.

C'est un ravage inexprimable.
Suivez mes pas, accourez tous.

LE CHŒUR, *quittant la scène tumultueusement.*

Suivons ses pas, accourons tous.

On entend une marche militaire. Alexis s'arrête tout-à-coup.

ROSINKA, *à Alexis.*

Quoi! tu ne viens pas avec nous?

ALEXIS.

Oh! non. De nos gardiens j'entends le chef sévère.
Natalie a prescrit que je m'offre à ses yeux.
Obéir à ma mere
Est le plus pressant de mes vœux.

Rosinka va rejoindre les autres personnages du chœur. Alexis rentre chez Voldik.

SCÈNE IV.

PHŒDOR, OFFICIERS ET SOLDATS DE RONDE.

Phœdor, du haut de la digue, a fait connoître à l'officier qui l'accompagne la place où il désire que le détachement soit rangé en bataille. Pendant que cet ordre s'exécute, il procède à sa visite chez l'illustre Exilé.

SCÈNE V.

LES PRÉCÉDENS, PHŒDOR, ALEXIS.

PHŒDOR.

Aux mortels dont le fleuve envahit la demeure,
A-t-on donné de prompts secours?

Alexis écoute avec attention.

UN SOLDAT, *sortant du rang.*

Non loin du Baïkal un seul encor demeure.
C'est l'Exilé qu'on voit toujours,
Fuyant ses compagnons, errer d'un air farouche.
Et dont le cœur flétri, que nul désir ne touche,
Semble ulcéré de noirs chagrins.
Deux fois, en sa faveur, j'ai quitté le rivage;
Mais les flots mutinés ont lassé mon courage.
Tous mes efforts ont été vains.

ALEXIS, *vivement.*

Mon commandant! Les miens obtiendront davantage:
J'y cours.

PHŒDOR.

Je te le défends bien.
Crois-tu ton bras plus puissant que le sien?

ALEXIS, *plus vivement encore.*

Mais s'il a moins d'audace, et si j'ai plus d'adresse!...

PHŒDOR, *durement.*

Paix!.... Ce zèle obstiné me déplaît et me blesse.

En se tournant vers la troupe.

Soldats! le gouverneur dans Irkoust attendu,
Aux premiers feux du jour doit y être rendu;
Allons le recevoir sur la rive prochaine.

LE CHŒUR.

Allons sur la rive prochaine
Recevoir ce guerrier fameux,
Dont notre illustre Souveraine
A fait choix pour nous rendre heureux.
Que tout s'anime
En ce séjour!
Que tout exprime
Un pur amour!

Les sons s'affoiblissent par degrés, et se perdent dans le lointain.

SCÈNE VI.

ALEXIS *seul.*

Ainsi donc, privé d'assistance,
Un malheureux peut-être va mourir!

Et quand je m'offre à l'aller secourir,
Avec rudesse on m'impose silence!....

Il se promène, d'un air agité.

N'importe! dût Phœdor aujourd'hui m'en punir,
A son affreux destin je prétends le ravir!....
N'ai-je pas, malgré mon jeune âge,
Sur le lac orageux, délivré du naufrage
Des voyageurs près de périr?

Non, ce n'est pas en vain que le malheur réclame.
Grand Dieu! ta force est avec moi.
Pour cet infortuné quand la pitié m'enflamme,
C'est ta voix qui commande, et j'accomplis ta loi.

Témoin du danger qui le presse,
Ta main qui l'a formé
Guidera ma jeunesse.
Tu soutiendras mon cœur d'espérance animé,
Tu seconderas ma foiblesse.
Par ton égide préservé,
J'affronterai les flots, et les vents, et l'orage.....
Et ton noble ouvrage
Sera sauvé.

On entend une sorte de rumeur. Alexis regarde vers le grand chemin.

Quel immense cortége au loin remplit la route!
Sa pompe éblouit les regards.....
Un mortel imposant..... C'est le Prince, sans doute....
Il approche..... Fuyons, sans de plus longs retards.

Il s'élance rapidement sur la digue, et redescend par la berge opposée.

SCÈNE VII.

LE PRINCE **DOLOSKI**, OFFICIERS DE SA SUITE, **PHŒDOR**, SOLDATS, DOMESTIQUES DU PRINCE.

DOLOSKI.

AVANT que dans Irkoust nous nous rendions ensemble,
Guerriers ! je dois ici remplir un noble soin.
Que le peuple à l'instant sur vos pas s'y rassemble !
De ma félicité je veux qu'il soit témoin.

Plusieurs soldats quittent la scène, se dispersant de différens côtés. Le reste du cortége se retire, partie dans la forêt, partie derrière les arbres de la grande route, de manière que personne ne soit censé pouvoir entendre les entretiens du gouverneur. Ce prince remonte un peu le théâtre; et fixant les regards sur l'habitation de Voldik, que Phœdor lui fait remarquer, il continue :

Infortuné Voldik ! C'est donc là ton asile !
Que l'humaine grandeur est trompeuse et fragile,
Voldik !

A Phœdor, en marchant vers les rampes

Il fut mon guide au milieu des hasards.
Et tout Moscou l'a vu, fameux par la victoire,
A l'ombre du trône des Czars
S'enivrer d'encens et de gloire.....
Tant de prospérité fatigua ses rivaux.
Victime de leurs noirs complots,
Il est tombé, Phœdor !.... Et pourras-tu le croire?
Envieux de son rang, de son crédit jaloux,
C'est son gendre inhumain qui lui porta les coups!

Le cruel paya cher sa trame criminelle!....
Mais de sa femme auguste et belle,
De Natalie, apprends-moi le destin.
Pour consoler son père en ce climat lointain,
Elle a quitté l'ingrat trop bien aimé par elle.

PHŒDOR.

Prince! elle est de Voldik la compagne fidèle.

DOLOSKI.

Va les trouver. Va, dis-leur que soudain
Je voudrois en ce lieu les voir et les entendre.
Dis-leur..... que Doloski les invite à s'y rendre.

Phœdor monte chez Voldik.

SCÈNE VIII.

DOLOSKI *sur le devant de la scène;* CORTÉGE *dans le fond du théâtre.*

DOLOSKI.

Ils vont paroître! O doux instant!
Pour l'amitié quel bien suprême!....
Mais craignons son zèle imprudent,
Craignons pour eux l'excès du plaisir même.
Cachons-leur bien ma joie extrême,
Et l'avenir qui les attend.

Avec une profonde sensibilité.

O toi, qui de mes destinées
Protégeas si long-temps le cours!
Mon maître aux champs d'honneur, mon guide au sein des cours,
Tu versas le bonheur sur mes jeunes années.....
Je vais le rendre à tes vieux jours.

SCÈNE IX.

LES PRÉCÉDENS, VOLDIK, NATALIE, PHŒDOR.

PHŒDOR, *annonçant.*

Les voici !

Le Prince lui fait signe de s'éloigner. Il obéit.

DOLOSKI, *à part.*

Je respire à peine.

NATALIE, *émue par la surprise et la joie.*

Cher Prince !.... Est-ce bien toi que le ciel nous amène ?
Pardonne au trouble, à l'embarras
Que ton subit aspect nous cause.

En lui présentant son père, que son état d'abaissement semble couvrir de confusion.

Sans le respect profond que ton rang nous impose,
Mon père, avec transport, eût volé dans tes bras.

DOLOSKI, *embrassant Voldik.*

C'est à moi de baigner de larmes de tendresse
Le bienfaiteur de ma jeunesse.
En quel état je le revoi !

VOLDIK.

Et c'est depuis quinze ans....

DOLOSKI.

Aux champs de Moldavie,
Du Croissant redouté le vainqueur et l'effroi !....

VOLDIK.

N'est plus qu'un vil mortel abreuvé d'infamie.

NATALIE, *le ranimant.*

Le crime avilit seul. Voldik en est exempt.

DOLOSKI.

Va ! le sceau du malheur imprimé sur ta vie
Te rend à mes regards plus auguste et plus grand.

VOLDIK.

Oui, je puis, sans rougir, supporter l'esclavage ;
Je n'ai point mérité mes fers.
Mais, Doloski ! ma fille avec moi les partage.
Pour embrasser les maux que mon cœur a soufferts,
Elle a de sa patrie abandonné la plage.....
Sur des bords étrangers, dans les regrets amers,
J'ai vu se flétrir son bel âge.
Comment ne pas gémir de mes affreux revers !

NATALIE, *vivement, d'un ton expansif, et avec une légère nuance de gaîté.*

Ah ! contre sa douleur, cher Prince, je réclame !
Libres des faux besoins qui tourmentoient notre âme,
Guéris de la grandeur, et sages sans effort,
Avons-nous donc sujet de nous plaindre du sort ?
Non. Cette terre d'infortune
Dès long-temps n'a plus rien qui nous soit odieux.
Sous des traits inconnus à la foule commune
La raison s'y montre à nos yeux,
Et calme nos ennuis en épurant nos vœux.

Dans cet asile,
Humble cent fois;
Mais plus tranquille
Que les palais des Rois,
L'amitié tendre
Nous fait entendre
Sa douce voix.....

Le travail, l'étude et ma lyre
Jettent des fleurs sur nos instans.
Par ses discours il sait m'instruire,
Et je le distraits par mes chants....

Loin de l'envie,
Fléau des cours;
De notre vie
Embellissant le cours,
Nous voyons naître
Et reparaître
D'aimables jours.

DOLOSKI, *à Voldik, avec l'accent de l'enthousiasme.*

Elle est plus que jamais ta généreuse fille!

VOLDIK, *à part, à Doloski.*

Et son indigne époux! ce lâche Varemzor!
Cet opprobre de ma famille!
Des biens qu'il m'a ravis jouiroit-il encor?

Doloski va pour répondre. Il est interrompu par les chants du peuple, qui se font entendre derrière le théâtre.

LE CHŒUR, *qu'on ne voit pas encore.*

Bannissons la tristesse,
Les soupirs et les pleurs.
Qu'une vive alégresse
Succède à nos douleurs!

NATALIE, *témoignant à Doloski le désir de se retirer avec Voldik.*

Pour t'offrir de son zèle un joyeux témoignage,
Le peuple entier descend du haut de ces vergers.

DOLOSKI, *les retenant.*

Ne vous éloignez pas. A son naïf hommage
Vous ne serez point étrangers.

Surprise de Voldik et de Natalie.

SCÈNE X.

LES PRÉCÉDENS, ROSINKA, VILLAGEOIS ET VILLAGEOISES, MARINIERS ET MARINIÈRES, OFFICIERS, SOLDATS, ET DOMESTIQUES DU PRINCE.

LE CHŒUR.

Le fleuve au loin ravage
Nos guérets, nos hameaux.
Un prince auguste et sage
Paroît sur ce rivage
Pour adoucir nos maux.

Bannissons la tristesse,
Les plaintives clameurs :
Qu'une vive alégresse
Anime tous les cœurs!

Pendant ce dernier chœur, Doloski est remonté jusqu'au milieu du théâtre, ayant Natalie à sa droite, Voldik à sa gauche : ceux-ci plus près des rampes. Phœdor a fait redescendre la troupe qui étoit dans le fond et sur les côtés de la scène, et l'a rangée en bataille au bord de la forêt, drapeaux en avant et déployés.

DOLOSKI, *se découvrant, et présentant une lettre à Natalie.*

Livre-toi, Natalie, à la plus douce ivresse,
Et reçois ce message à mes mains confié!
L'impératrice en toi n'a jamais oublié
La compagne de sa jeunesse.
Connois, par ce garant de sa tendre amitié,
Combien à tes vertus son grand cœur s'intéresse.

Natalie s'incline respectueusement, prend la lettre, et en brise le cachet.

LE CHŒUR, *pendant qu'elle lit.*

Quel trouble soudain la saisit !....
Son œil s'enflamme..... Elle frémit.

NATALIE, *s'écriant.*

O justice immortelle !

Elle se précipite dans les bras de Voldik.

Mon père..... ô mon ami !!!.. vers la voûte éternelle
Elève ton front radieux.
La liberté brille à tes yeux !!!..

VOLDIK, NATALIE, DOLOSKI, LE CHŒUR.

O justice immortelle !
Moment pour moi délicieux !
La liberté brille à { mes / tes / ses } yeux !!!...

DOLOSKI, *à Voldik.*

L'impératrice te rappelle:
Comblé d'une faveur nouvelle,
Vole à ses pieds, presse tes pas.

Il le conduit devant la troupe.

Et vous, braves soldats!
Entonnez des chants de victoire;
Je brise les fers d'un héros.
Le jour qui le rend aux drapeaux
Pour vous est un vrai jour de gloire.

Les soldats présentent les armes à Voldik.

CHŒUR.

ENSEMBLE.

SOLDATS.

Entonnons des chants de victoire;
Sa main rompt les fers d'un héros.
Le jour qui le rend aux drapeaux
Pour nous est un vrai jour de gloire.

PEUPLES.

Entonnez des chants de victoire;
Sa main rompt les fers d'un héros.
Le jour qui le rend aux drapeaux
Pour vous est un vrai jour de gloire.

NATALIE, *surprise de ne point voir Alexis, a parcouru le théâtre avec agitation; enfin elle aperçoit Rosinka, et l'amenant au bord des rampes, elle lui dit du ton de l'épouvante:*

Mon fils n'est point ici!

ROSINKA.

Ne t'en alarme pas,
Vers le fleuve on l'a vu descendre,
Sur ses traces je vais me rendre,
Et je l'amène dans tes bras.

Elle sort le long de la digue.

SCÈNE XI.

LES PRÉCÉDENS, *excepté Rosinka.*

DOLOSKI.

Peuple ! pendant la nuit dernière,
Le fleuve a détruit vos guérets.
Mes soins vont réparer les maux qu'il vous a faits.
D'une famille qui m'est chère,
Par des jeux animés célébrez le bonheur :
Tous vos efforts pour lui complaire,
Vous seront comptés dans mon cœur.

Au moyen de piles de gazon qu'ils sont censés avoir déjà disposées à l'entrée de la forêt, les soldats élèvent, au pied d'un cèdre, une espèce de trône qu'ils couvrent d'un riche tapis, et surmontent de plusieurs étendards, en forme de trophée. Le prince y fait monter le vieux général. En même temps, des valets préparent, de droite et de gauche, des plians ou des carreaux, sur lesquels il prend place, ainsi que Natalie, et le ballet commence.

LE CHŒUR.

Honneur ! honneur ! cent fois honneur
A la Czarine, au Gouverneur !

DEUX CORIPHÉES, *à Valdik et à Natalie.*

Les plaisirs, sur ces bords, depuis quinze ans sommeillent
De vos longs ennuis attristés;
Vos soudaines félicités,
Au fond de nos cœurs les réveillent.

LE CHŒUR.

Honneur! honneur! cent fois honneur
A la Czarine, au Gouverneur!

BALLET.

Natalie, toujours plus tourmentée, porte ses regards inquiets sur la digue. Vers la fin du ballet, ne voyant point revenir Alexis, ni même Rosinka, et observant que le ciel se couvre, elle se lève avec une sorte d'égarement. Doloski la suit, en interrompant la danse.

DOLOSKI, *donnant la main à Valdik, qui cherche à descendre de son siége, et s'adressant au peuple.*

Arrêtez!....

Allant vers Natalie.

Natalie! un trouble involontaire
S'empare de tes sens.

NATALIE.

Je ne m'en défends pas.
D'un fils idolâtré, cher Prince! je suis mère....
On dit qu'au bord du fleuve il a porté ses pas....
Sur la cime des monts un nuage s'arrête!
Et dans ces inconstans climats
Le calme est de bien près suivi par la tempête....
Si mon fils....

SCÈNE XII.

LES PRÉCÉDENS, ROSINKA.

ROSINKA, *les cheveux épars, le visage tourné vers le fleuve, et remontant la berge extérieure de la digue.*

O grands dieux! ô grands dieux!

NATALIE, *au comble de l'effroi.*

Quels accens
Ont frappé la nue?
Et qui jette ces cris perçans?

LE CHŒUR.

C'est Rosinka, d'épouvante éperdue.

ROSINKA, *accourant auprès de Natalie, et se laissant tomber sur les genoux.*

Alexis! Alexis!

NATALIE.

Parle!

ROSINKA.

L'infortuné!
A la merci des flots, sans guide abandonné.....
La barque est engloutie!

Natalie chancelle de saisissement. Bientôt elle se ranime, et s'élance avec impétuosité vers le fleuve. On la suit dans le plus grand désordre. A l'extrémité de l'un des mâts de bateau saillans au-dessus de la digue, on aperçoit un marinier occupé à délier la voile, que le vent gonfle et pousse presqu'aussitôt. C'est dans cette embarcation que Natalie, aidée de soldats, de mariniers et de paysans tartares, est censée courir à la recherche de son fils. D'autres voiles se développent, et partent successivement.

CHŒUR GÉNÉRAL.

ENSEMBLE.

VOLDIK.

O quel malheur ! ô mes amis !
Secourez-les, je vous supplie.
Suivez ma Natalie,
Sauvez mon Alexis.

DOLOSKI.

O quel malheur ! ô mes amis !
Courez-y tous, je vous supplie.
Secourez Natalie,
Et sauvez Alexis.

LE CHŒUR.

O quel malheur ! ô mes amis !
Dieu puissant ! je vous en supplie :
Secourez Natalie,
Sauvez notre Alexis.

ACTE II.

Le théâtre représente, à l'entrée d'une gorge de montagnes, et tout proche du lieu où la rivière d'Angara s'échappe du lac Baïkal, l'arrière-façade d'un très-vieil édifice d'une construction tartare, et de l'aspect le plus lugubre. C'est la retraite de l'Exilé, dont on voit même une partie de l'habitation intérieure. L'orage, qui a paru menacer à la fin du premier acte, commence avec celui-ci. Peu à peu il s'accroît, et devient terrible, à mesure que la scène marche vers la catastrophe.

SCÈNE Ire.

L'EXILÉ *seul, entrant précipitamment.*

C'en est donc fait! j'ai perdu l'espérance!
Du dieu qui me poursuit, l'impitoyable bras
Redouble autour de moi les horreurs du trépas.
Quel mortel oseroit tenter ma délivrance!

Il se promène, en contemplant avec effroi sa solitude.

Horrible et funeste moment!
Que j'ai bien mérité cet affreux châtiment!
Des traitres, des ingrats, arborant la bannière,
J'ai bravé les plus saintes lois.
De l'amour et du sang, j'ai méconnu la voix,
J'expire, abandonné de la nature entière.....

Il s'assied.

Que font-ils en ce jour, ces flatteurs complaisans;
Ces vils conseillers de mon crime?
Comme ils m'ont, par degrés, descendu dans l'abîme
Où je languis depuis quinze ans!

Il se lève avec fureur.

Dieu d'équité, si ma souffrance
A fléchi tes longues rigueurs,
Entends mes derniers vœux, reçois mes derniers pleurs;
De mes forfaits tu sais qui sont les vrais auteurs:
Je les dévoue à ta vengeance.
Reproduis tous mes maux dans leurs perfides cœurs!

Que le spectre d'un père, et l'ombre d'une amante,
Et d'un fils, l'image accablante,
Pour les épouvanter sortent du sein des morts!
Qu'ils fatiguent sur eux les poignards du remords!
Qu'ils s'acharnent à les poursuivre!....
Et que, tremblans sur l'avenir,
Leur désespoir soit de mourir,
Et leur supplice soit de vivre!

Il tombe, accablé par la douleur, sur un rocher creusé en forme de banc.

SCÈNE II.

L'EXILÉ, ALEXIS.

ALEXIS, *secouant son bonnet.*

Enfin, jusques à toi me voilà parvenu!

L'EXILÉ, *au comble de la surprise et de la joie.*

Oh, ciel!.... Un jeune homme inconnu!

ALEXIS.

Ma présence t'étonne?

L'EXILÉ, *regardant vers le lieu par lequel il est entré.*

Elle tient du miracle.
Hé quoi! seul?

ALEXIS.

Oui. Nul guide avec moi n'est venu.
Et du fleuve pourtant j'ai surmonté l'obstacle.

L'EXILÉ.

Par quel favorable hasard
Ton aspect enchanteur frappe-t-il mon regard?

ALEXIS.

L'espoir de t'arracher à ton sort déplorable
Me fait aborder tout exprès.
J'ai vu l'instant où l'onde impitoyable
Alloit m'engloutir à jamais.
Dieu, qui veilloit sur moi, m'a délivré de peine.
Si je puis abréger la tienne,
Je bénirai deux fois son aide et ses bienfaits.

L'EXILÉ.

Quel intérêt ton cœur prend-il à mes misères?
Comment suis-je connu de toi?

ALEXIS.

N'es-tu pas exilé? c'en est assez pour moi.
Tous les infortunés sont frères....
Mais déjà ton asile est assailli des flots.....
Partons.

Il veut l'emmener.

L'EXILÉ, *le retenant.*

Le ciel, voilé d'une nuit plus obscure,
Annonce des périls nouveaux.
Attends que l'horizon s'épure.

ALEXIS.

Aucun de mes parens de mon sort n'est instruit;
Ma mère en conçoit des alarmes.
Peut-être chaque instant qui fuit
Remplit son cœur d'effroi, baigne ses yeux de larmes.
Hâtons-nous. C'est trop l'affliger.

L'EXILÉ.

Ah! son inquiétude est sans doute cruelle.
Mais il vaut mieux la prolonger
Que de la convertir en douleur éternelle.....
Entends ces affreux sifflemens.
Que pourroit, cette fois, ta fragile nacelle
Contre ce choc des élémens?

ALEXIS, *persuadé.*

Hé bien! différons quelque temps.....
Mais du moins, à ma mère apprends combien j'expie
Mon imprudence et ses tourmens.

L'EXILÉ.

Oui, ma voix lui dira tes pieux sentimens.
Tu la chéris donc bien?

ALEXIS.

Avec idolâtrie.
Elle n'inspire pas d'autres attachemens.

Tu vas la voir, cette mère charmante,
  Tu vas la voir et l'admirer;
Elle attendrit par sa beauté touchante;
  Son bon cœur la fait adorer.

A sa raison tout mortel rend les armes.
  Réclament-ils ses tendres soins?
L'infortuné sent arrêter ses larmes,
  L'indigent n'a plus de besoins.

Dès le berceau, comme une ombre fidèle,
  Je sens mon cœur suivre ses pas;
Tout mon bonheur est de vivre pour elle
  Et de l'aimer jusqu'au trépas.

L'EXILÉ, *l'embrassant.*

Aimable enfant! si j'en crois ton langage,
Tu n'es pas né dans ce pays sauvage?

ALEXIS.

  C'est ici, non loin de ces lieux,
Que mon œil s'est ouvert à la clarté des cieux.

L'EXILÉ, *montrant de l'étonnement.*

Ton père?....

Alexis baisse la tête, d'un air chagrin.

Je t'afflige.... Il n'est plus?...

Alexis lui fait signe de ne pas insister.

Et.... ta mère?...

ALEXIS.

Près de la Moscowa Dieu lui donna le jour.
Pour adoucir les maux de son illustre père,
Elle a quitté son époux et la cour,
Et souffre, en ces climats, un exil volontaire.

L'EXILÉ, *à part.*

Qu'entends-je? quels rapports!
Que d'angoisses! que de remords!
Dans mon sein déchiré son discours renouvelle!

Haut.

Et son nom, quel est-il?

ALEXIS.

Natalie.

L'EXILÉ, *toujours à part, et le fixant avec des yeux passionnés.*

Oui, c'est elle!......
Voilà ses traits!.....

Haut.

Ton aïeul?....

ALEXIS.

On l'appelle
Voldik.

L'EXILÉ.

Voldik!!.....

La tempête mugit avec un bruit effroyable.

ENSEMBLE.

Quel horrible fracas!
Les airs retentissent,
Les vagues mugissent,
La terre frémit sous nos pas.

Tout cède à la tempête,
Et cette retraite
S'écroule en éclats.
Je touche aux portes du trépas.

Le vent courbe avec violence la cime des plus gros arbres, et détache quelques parcelles du toit. Le château commence à s'abîmer.

ENSEMBLE.

ALEXIS.

Dieu de clémence !
Apaise-toi.
Enchaîne ta vengeance,
Et prends pitié de moi !

L'EXILÉ.

Dieu de vengeance !
Signale-toi.
Mais sauve l'innocence,
Et ne punis que moi.

L'ouragan devient furieux. D'énormes arbres sont brisés. L'orage est au dernier période. La foudre tombe, éclate, les bâtimens s'écroulent; et leurs débris, engloutis par l'inondation, laissent voir, luttant contre les vagues, le bateau qui porte Natalie. Plusieurs mariniers ont déjà sauté sur des rochers saillans au-dessus des eaux, et travaillent, au moyen de différens câbles et d'autres instrumens, à le faire aborder sans péril. L'Exilé, uniquement attentif au salut du jeune homme, détourne dans leur chute, avec adresse, tous les fragmens qui le menacent, et lui forme un bouclier de son corps. La tempête décroît sensiblement. A mesure que les nuages se dissipent, on découvre, dans le lointain, les bords et la navigation du lac, une partie de la ville d'Irkoust, et le palais du gouverneur.

SCÈNE III.

LES PRÉCÉDENS, NATALIE; CHŒUR DE TARTARES, DE MARINIERS ET DE SOLDATS RUSSES.

LE CHŒUR, *disposant un chemin de communication de la barque de Natalie au tertre du vieux château.*

QUEL affreux orage!
Reprenons courage.
Exempts de naufrage,
Nous touchons ces bords.
Rendons à la vie
Notre bonne amie.
Près de Natalie
Redoublons d'efforts.

NATALIE, *apercevant son fils, et poussant un cri de joie.*

Il respire!!

ALEXIS, *courant à elle.*

Ma mère!

LE CHŒUR.

Il respire! il respire!!
Moment d'ivresse et de délire.

Tartares, mariniers, soldats se groupent, les uns sur les rochers, les autres sur la vergue et le mât du bateau, pour tâcher de découvrir Alexis. Ils agitent leurs bonnets, en signe d'alégresse.

ENSEMBLE.

NATALIE.

Mon bien-aimé! mon Alexis!

ALEXIS.

Quel doux moment pour Alexis!

ALEXIS.

Pardonne les chagrins que t'a causés ton fils.

NATALIE.

Laisse-là mes chagrins, ne vois que ma tendresse.

ENSEMBLE.

NATALIE.

Sur ton cœur tout mon cœur se presse.
Mon bien-aimé! mon Alexis!

ALEXIS.

Sur ton cœur tout mon cœur se presse.
Quel doux moment pour Alexis!

LE CHŒUR.

Moment d'ivresse et de délire!
Notre aimable Alexis respire.

ALEXIS, *à Natalie, lui montrant l'Exilé qui garde un morne silence, et paroît presqu'étranger à cette scène d'attendrissement.*

Regarde cet infortuné:
Du reste des humains le fleuve le sépare.
Avec une froideur barbare
Phœdor l'avoit abandonné.
Ton fils a ses dangers a voulu le soustraire;
Et sans l'horrible peine où j'ai plongé ma mère,
De ma témérité je serois glorieux.

A l'Exilé.

La voilà cette mère et si noble et si bonne:
Sur elle tourne donc les yeux.

L'EXILÉ, *à part.*

Je meurs de honte!

NATALIE.

Il gémit!

ALEXIS.

Il frissonne!

NATALIE, *passant auprès de l'Exilé.*

Les flots apaisent leur courroux,
Le vent se tait, l'horizon se dégage;
Intéressant mortel, allons, embarquons-nous.

L'EXILÉ, *d'une voix sombre, entrecoupée, et se détournant pour n'être point vu.*

Partez.... Regagnez le rivage....
Et laissez-moi mourir.

TRIO.

ENSEMBLE.

NATALIE ET ALEXIS, *à part.*

Quel trouble en mon cœur je sens naître!
Ses accens m'ont fait tressaillir.

L'EXILÉ, *aussi à part.*

O mort! anéantis mon être!
Terre! ouvre-toi pour m'engloutir.

NATALIE, *à l'Exilé.*

Quel transport de toi se rend maître?

L'EXILÉ, *toujours à part.*

Où me cacher? comment les fuir?

NATALIE.

Devant nous crains-tu de paroître?

L'EXILÉ, *haut, et continuant de dérober son visage aux regards de Natalie.*

A tous les yeux je dois rougir.
Ne cherchez point à me connoître,
Vous ne pourriez que me haïr.

ENSEMBLE.

ALEXIS, *à part.*

Quel trouble en mon cœur il fait naître!
D'effroi je me sens tressaillir.

NATALIE, *à part.*

A mes yeux il craint de paroître.
Quel doute affreux vient me saisir!

L'EXILÉ, *à part.*

O mort! anéantis mon être!
Terre! ouvre-toi pour m'engloutir!

NATALIE, *à l'Exilé.*

De nos soins c'est trop te défendre;
Embarquons-nous sans plus attendre:
Quitte un séjour funeste, et marche sur nos pas.

L'EXILÉ, *s'écriant:*

La mort est mon seul bien, ne me l'arrachez pas!

NATALIE, *à part, et dans la plus violente agitation.*

Sa résistance accroît mon trouble;
Plus je l'entends, plus mon soupçon redouble...

Lui saisissant la main.

Laisse-moi contempler tes traits.

L'EXILÉ.

Crains d'envisager un perfide,
Un fils ingrat, un parricide,
Un monstre souillé de forfaits!

NATALIE, *le reconnoissant.*

Varemzor!!

à Alexis.

C'est ton père!!!

ENSEMBLE.

NATALIE, ALEXIS.

O sagesse adorable!
C'est un père, c'est un époux,
Que d'un trépas inévitable
Tu daignes préserver par nous.
Evénement heureux et doux!

LE CHŒUR.

O sagesse adorable!
C'est un père, c'est un époux,
Qu'ici leur pitié secourable
Dérobe aux traits d'un sort jaloux.
Evénement heureux et doux!

NATALIE, *à Varemzor.*

Toi, dans ces lieux!

VAREMZOR.

Le sort trop équitable
Ici, depuis quinze ans, s'occupe à vous venger.
Mon châtiment suivit mon crime.
A peine sous vos pas j'avois creusé l'abîme,

Qu'aussitôt je m'y vis plonger.
Oui, Natalie; oui, trop chère victime,
Reconnois ton fatal époux :
C'est lui que la honte dévore,
Que le remords poursuit, qui se hait, qui t'adore,
Et qui périt à tes genoux.

Il tombe aux pieds de Natalie, la face contre terre.

NATALIE, *le relevant.*

Cher époux!... c'est assez; ton repentir m'entraîne.
Cesse de t'accabler des fureurs de ta haine :
Et que l'espérance, à son tour,
Renaisse dans ton sein, à la voix de l'amour !

VAREMZOR.

Mes forfaits sont affreux.

NATALIE.

Ta douleur les efface.
Le ciel nous réunit, il prononce ta grâce.

Ranime ce front abattu.
Ose encor respirer l'air pur de la vertu.
Ton cœur est né pour y prétendre.
Au nom de tous les pleurs que tu m'as fait répandre,
Ne trouble pas ma joie en un si doux instant;
Jouis des biens sacrés que nous venons te rendre :
Embrasse ton épouse, et bénis ton enfant !

ALEXIS, *dans une attitude religieuse.*

Mon père....

VAREMZOR, *les embrassant l'un et l'autre.*

Je me rends. C'est trop de résistance.

Mon désespoir fléchit devant ton indulgence.
Ennobli par tes sentimens,
Je reçois une autre existence....
Et crois en vos embrassemens
Recouvrer mes jours d'innocence.

LE CHŒUR.

Voyez-vous le soleil qui brille?
Le calme renaît dans les cieux.
Venez, trop heureuse famille,
Hâtez-vous de quitter ces lieux.

VAREMZOR.

Hélas! je sens fuir ma constance.
Comment paroître aux yeux de Voldik offensé?

NATALIE.

Ne doute point de sa clémence:
Pour lui je te réponds de l'oubli du passé.

LE CHŒUR.

Voyez-vous le soleil qui brille?
Le calme renaît dans les cieux.

ENSEMBLE.

NATALIE, ALEXIS, VAREMZOR.

Partons, trop heureuse famille,
Hâtons-nous de quitter ces lieux.

LE CHŒUR.

Venez, trop heureuse famille,
Hâtez-vous de quitter ces lieux.

Tous les bâtimens qui ont suivi l'embarcation de Natalie arrivent successivement. Varemzor, son épouse et son fils, se rendent sur l'un d'eux. La petite flotille vogue et disparoît. On aperçoit, à la remorque, le canot d'Alexis.

ACTE III.

Le théâtre représente une salle du palais du gouverneur, à Irkoust. Elle aboutit à la galerie principale, dont elle n'est séparée que par une tenture brillante, ornée de crépines et de galons d'or. Deux portières de même étoffe tombent de droite et de gauche, à fleur des premiers plans. Quelques siéges sont épars autour de la pièce.

SCÈNE Ire.

NATALIE, *et successivement* VAREMZOR, PHŒDOR, GARDES.

Cette briève scène est toute pantomime. Natalie, plongée dans une douloureuse méditation, entre par la droite des spectateurs, qui est censée conduire à l'appartement de Voldik, et gagne, à pas lents, le bord des rampes, du côté de la loge du Roi. Au bout de quelques mesures, Phœdor arrive par l'entrée de gauche, introduisant Varemzor. Il fait retirer, au fond du salon, les gardes qui veillent sur l'Exilé; témoigne à celui-ci qu'il est libre de s'entretenir avec son épouse, et sort par la droite du théâtre.

SCÈNE II.

NATALIE, VAREMZOR, GARDES *au fond de la scène.*

VAREMZOR.

Dans ce palais d'Irkoust Voldick est arrivé.
Il sait quel malheureux ton courage a sauvé....

Cherchant à lire dans les regards de Natalie.

Quel est mon sort?... quel est ton espérance?
Son cœur est-il touché de mon vif repentir?
Puis-je paroître en sa présence?...
Ciel! tu baisses les yeux... et gardes le silence...
Il est donc vrai! tu n'as pu l'adoucir!...
Ah! ne perds point courage. En ma faveur encore
Daigne contre sa haîne armer tout ton pouvoir....
Qu'il me pardonne au moins, s'il ne veut pas me voir!
C'est l'unique bienfait que ma douleur implore.

NATALIE.

Tu n'as plus de réduit: j'ai droit, dans ces climats,
Sur celui qu'habitoit mon père.
Nous n'y porterons point nos pas
Sans avoir fléchi sa colère.

VAREMZOR, *étonné.*

Nous n'y porterons point nos pas? ..
Ta méprise sans doute a dicté ce langage?
De Voldik et de toi l'on presse le voyage.

NATALIE.

Mes destins sont changés. Notre Alexis lui seul
Aux remparts de Moscou doit suivre son aïeul.

VAREMZOR.

Qu'entends-je ?... quel dessein ?...

NATALIE, *avec énergie.*

Il est irrévocable...
M'estimes-tu si peu que d'en être surpris ?

VAREMZOR.

Languir loin de ton père, et te priver d'un fils !
Où s'égare ton zèle envers un misérable ?
Que fais-tu ?

NATALIE.

Mon devoir !... Oui, mes jours sont les tiens.
Quand tu vis à ton char la fortune asservie,
Je dédaignai l'éclat de ta splendeur impie.
Mais dans les fers je t'appartiens,
Et je te consacre ma vie.

SCÈNE III.

LES PRÉCÉDENS, PHŒDOR.

PHŒDOR, *à Natalie.*

En proie au plus mortel chagrin,
Voldik, pour te parler, en ce lieu va descendre.

VAREMZOR.

Ah, malheureux! c'est moi...

NATALIE *l'interrompt par un rapide serrement de main; et s'adressant à Phœdor, elle prononce d'un air digne et d'un ton respectueux :*

Je suis prête à l'entendre.

PHŒDOR, *à Varemzor.*

Toi, seigneur, suis mes pas dans le salon prochain.
Le prince, ému d'intérêt tendre,
Y veut sur tes malheurs t'entretenir soudain.

Phœdor emmène Varemzor par la gauche du théâtre. Les Gardes suivent.

SCÈNE IV.

NATALIE *seule.*

O toi, qui vois l'excès de mes vives alarmes!
Dieu des infortunés! prends pitié de mes larmes.

Du sort assez long-temps j'éprouvai la rigueur.
Fais trève à sa haine implacable.
Et pour un fils tremblant, que le remords accable,
De mon père attendris le cœur.

O toi! etc.

Mais quel sombre avenir
Devant moi se présente?
Au sein de ma patrie un vieillard se lamente...

C'est toi, malheureux père! oui. je t'entends gémir.
Tu m'appelles sans espérance;
Tu me reproches ta souffrance,
Et me maudis peut-être à ton dernier soupir!...

Elle voit venir Voldik.

Le voici... quel instant!...

SCÈNE V.

NATALIE, VOLDIK, *avec l'habit et les marques d'un officier général.*

NATALIE, *le regardant avec une sorte d'inquiétude.*

Tu parois plus paisible...
Ce cœur, généreux et sensible,
A-t-il enfin calmé ses fiers ressentimens?

VOLDIK.

Sois contente... Vainqueur de mes emportemens,
Je cède au désir qui t'anime.
Oui, contre l'insensé qui flétrit mes vieux ans,
J'immole, à ton exemple, un courroux légitime.

Natalie, entraînée par un mouvement de reconnoissance, saisit la main de son père, et la baise avec transport. Il continue.

Mais quand mes bras lui son ouverts,
Quand je le plains et lui pardonne,
Pourra-t-il, sans pitié, contempler mes revers,
Et souffrir que ma fille à jamais m'abandonne?

Mes fers ne sont point abattus.
Ce vain rappel, que je déteste,
Alors qu'il nous sépare est un malheur de plus...
Sans toi, sans ton appui céleste,
L'univers à mes yeux n'a que d'affreux climats.
L'exil est pour ton père aux lieux où tu n'es pas.

Des jours de ma vieillesse
Vois pâlir le flambeau.
Sur le bord du tombeau
Ta bonté me délaisse!...

Eh! que font les honneurs
A mon âme flétrie?
Qu'importent la patrie,
La gloire et les grandeurs?...

Si ma fille adorée
Me prive de ses soins,
Victime mieux parée,
Je n'en mourrai pas moins.

Des jours, etc.

NATALIE, *dans l'anxiété la plus violente.*

Mon père!... je ne puis...

Voldik, choqué de sa résistance, la fixe d'un œil sévère. Elle se précipite à ses genoux, et poursuit, avec chaleur.

Ah! ce regard me tue!...
N'écrase pas ta fille à tes pieds éperdue...
Tant que Voldik gémit sur un sol étranger,

De ses maux compagne assidue
Voldik me vit les partager.
Mais quand la liberté lui vient d'être rendue,
Je puis m'unir, sans l'outrager,
Aux destins d'un époux que je dois protéger.

Voldik la relève. Elle continue, avec plus de force et de chaleur encore.

Etouffe un indiscret murmure.
Que de fois, m'as-tu dit, quand mes cris douloureux
De ta peine accusoit l'auteur de la nature :
« Natalie! un cœur généreux
» S'enrichit des maux qu'il endure.
» Au creuset du malheur l'homme de bien s'épure.
» Qui ne sait pas souffrir n'est pas né vertueux... »
C'étoit ainsi que ton courage
Accoutumoit le mien à des efforts nouveaux.
As-tu donc oublié que ce fut ton langage ?
Et l'illustre Voldik n'est-il plus un héros ?

VOLDIK.

Ah ! je ne suis plus rien qu'un infortuné père,
Qu'outragent tes refus, que ton choix désespère.

SCÈNE VI.

LES PRÉCÉDENS, ALEXIS, *accourant avec précipitation.*

NATALIE, *à qui sa venue cause un désordre sensible.*

Alexis !

ALEXIS, *excessivement ému.*

Qu'ai-je appris ? quel effroyable mot

Par ton ordre on m'a fait entendre !
Cruelle ! à me bannir oses-tu bien prétendre?

NATALIE, *d'une voix troublée.*

Il faut nous séparer.

ALEXIS, *l'étreignant avec force.*

Nous? jamais!

NATALIE, *prête à suffoquer.*

Il le faut...
Commande à ta douleur extrême...
Epargne-moi, mon Alexis.

Elle le baise sur le front.

Il est doux d'attendrir la mère qui nous aime...

Se ranimant.

Mais demande à ton aïeul même :
Dans les champs du courage en mériter le prix!
Illustrer de son nom le nom de son pays!
N'est-il pas vrai, Voldik, c'est là le bien suprême?

VOLDIK, *en qui ces expressions réveillent ses idées chéries, et que ranime surtout le mâle accent dont Natalie les prononce, sort de son abattement, et, s'avançant au bord des rampes, il dit à part :*

Tant de grandeur m'enflamme!.. et ses accens vainqueurs
De mon accablement dissipent les langueurs.

TRIO.

Natalie, pendant tout ce morceau, manifeste la double intention d'aiguillonner, dans son fils, et de rallumer dans son vieux père, le désir de la gloire.

NATALIE, *à son fils.*

Des héros la noble carrière
Devant tes pas vient de s'ouvrir.

ENSEMBLE.

VOLDIK, *à part.*

Ah! c'est moi, c'est moi qu'elle éclaire
Par le plus brillant souvenir.

ALEXIS.

O ma mère, ma tendre mère!
Par mes pleurs laisse-toi fléchir.

NATALIE.

Déjà l'honneur t'appelle à la barrière,
Mon fils, hâte-toi d'y courir.

ENSEMBLE.

VOLDIK, *à part.*

Elle me rend à ma vertu première.
Je sens mon âme s'agrandir.

ALEXIS.

C'est mon devoir de soulager mon père.
C'est mon bonheur de te servir.

NATALIE, *à Alexis.*

Au faîte des grandeurs, privé de sa famille,
Ton vieil et bon ami va gémir loin de moi.
Console ses regrets, et qu'il retrouve en toi
Le zèle et l'amour de sa fille.

A Voldik, lui présentant Alexis.

Il a mon cœur, il a mes traits,
A tes regards il m'offrira sans cesse.
Répands sur lui tous les bienfaits
Que m'eût prodigués ta tendresse.

VOLDIK, *pressant son petit-fils sur sa poitrine.*

Soumettons-nous, mon Alexis;
Imitons un si beau modèle.

ALEXIS.

Malgré moi mon cœur se rebelle.
Je veux le dompter.... Je ne puis.

NATALIE et VOLDIK.

Des héros la noble carrière
Devant tes pas vient de s'ouvrir.

ALEXIS.

O ma mère! ma tendre mère!
Par mes pleurs laisse-toi fléchir.

ENSEMBLE.

VOLDIK.

Aux champs d'honneur j'ai planté ma bannière.
Viens la défendre et l'obtenir.

NATALIE.

Déjà l'honneur t'appelle à la barrière.
Mon fils, hâte-toi d'y courir.

ALEXIS.

C'est mon devoir de soulager mon père.
C'est mon bonheur de te servir.

SCÈNE VII.

LES PRÉCÉDENS, **DOLOSKI**, **PHŒDOR**, OFFICIERS, GARDES.

DOLOSKI.

Des douceurs de votre présence;
O mes hôtes chéris! je me prive à regret.
Mais la czarine, en proie à son trouble inquiet,
De revoir Natalie a trop d'impatience....
Et son ordre sacré n'admet point de délai.

NATALIE, *à part.*

O ciel! ce dernier coup m'atterre!...
Qui, moi, partir? et laisser Varemzor?

DOLOSKI.

L'oppresseur de Voldik a mérité son sort.

NATALIE, *avec une respectueuse fermeté.*

Seigneur! dans son exil quand j'ai suivi mon père,
La cour ne m'en fit point la loi.
Mon séjour près de lui fut libre et volontaire.

VOLDIK.

Oui, cher prince, et quitte envers moi,
Aux malheurs d'un époux sa belle âme s'attache.

DOLOSKI.

Je ne permettrai point qu'un ingrat te l'arrache.

NATALIE, *vivement.*

Par d'autres vœux, Seigneur, mon père est gouverné.
Il fait grâce, il me cède à cet infortuné.

DOLOSKI, *laissant percer sa joie à travers sa surprise.*

Qu'entends-je ?

VOLDIK.

Elle a dit vrai. J'écoute l'indulgence.

DOLOSKI.

Quoi ! ce cœur magnanime oubliroit son offense ?
Quoi ! tes yeux sans effort reverroient le cruel ?

VOLDIK.

Puisqu'il est repentant, il n'est plus criminel.

DOLOSKI, *souriant, et fixant ses regards sur Natalie.*

Et... si je le rendois à l'épouse qui l'aime ?...

Pantomime expressive de la part de tous les personnages.

Si la czarine, en sa bonté,
M'avoit commis le droit suprême
D'abréger sa captivité ?...

Il fait un signe à Phœdor, qui sort précipitamment.

VOLDIK.

Tu plongerois mon cœur dans une joie extrême.
De tes faveurs pour moi tu doublerois le prix.

DOLOSKI.

Mon espoir est comblé. Que tes vœux soient remplis !
Une seconde fois bénis l'impératrice.
Je te donne en son nom la liberté d'un fils !

SCÈNE VIII et dernière.

La tenture du fond du théâtre se replie tout à coup; et la galerie dont elle masquoit la vue, paroît illuminée d'une manière somptueuse, et décorée avec magnificence. Les deux portières latérales s'élèvent également, et découvrent, savoir : celle de droite, un riche sopha posé sur une estrade; celle de gauche, un trône d'or surmonté d'un dais, et orné du portrait en pied de l'Impératrice.

LES PRÉCÈDENS, **VAREMZOR**, *richement vêtu*, **PHŒDOR**, PEUPLES *des différentes provinces d'Irkoust, qui viennent rendre hommage à la Czarine, dans la personne du gouverneur.*

Natalie, dans l'ivresse, temoigne à Doloski toute sa sensibilité. Varemzor s'est jeté aux pieds de Voldik, qui fait les plus grands efforts pour l'attirer dans ses bras.

ENSEMBLE.

NATALIE ET ALEXIS.

O jour cent fois propice!

A Doloski.

Sois heureux à jamais,
Toi, dont l'amitié protectrice
Nous comble de bienfaits!

LE CHŒUR.

Vive l'Impératrice!
Exaltons à jamais
Sa pitié tendre, sa justice,
Et ses rares bienfaits!

ENSEMBLE.

VOLDIK *à Varemzor.*

Dans mes bras, sur mon cœur! c'est là
que désormais
Tu dois oublier ton supplice,
Et retrouver la paix.

VAREMZOR *à Voldik.*

A tes pieds laisse-moi détester mes
forfaits.
Que mon repentir te fléchisse!
Je meurs de mes regrets.

DOLOSKI *à la famille.*

Qu'un doux accord vous réunisse!
Et qu'il dure à jamais.

VAREMZOR, *toujours à Voldik.*

Hélas! plus ta clémence aujourd'hui m'est prospère,
Plus le passé me cause un amer souvenir!
C'est trop peu de ma vie entière
Pour expier mon crime et pour m'en repentir.

QUINQUE.

NATALIE, *passant entre Voldik et Varemzor, et unissant leurs mains sur son cœur.*

Au bonheur nous allons renaître;
Eloignons d'affligeans tableaux.
Un nouveau jour, un nouvel être,
Veulent des sentimens nouveaux.

ENSEMBLE.

VOLDIK, NATALIE, ALEXIS.

Au bonheur nous allons renaître.
Eloignons d'affligeans tableaux.
Un nouveau jour, un nouvel être,
Veulent des sentimens nouveaux.
Le sort apaisé nous rassemble.
Goûtons l'oubli de ses rigueurs;
Et ne séparons plus des cœurs
Que la nature unit ensemble.

DOLOSKI.

Au bonheur vous allez renaître.
Eloignez d'affligeans tableaux.
Un nouveau jour, un nouvel être,
Veulent des sentimens nouveaux.
Le sort apaisé vous rassemble.
Goûtez l'oubli de ses rigueurs;
Et ne séparez plus des cœurs
Que la nature unit ensemble.

VAREMZOR.

Au bonheur vous allez renaître,
Ce doux espoir suspend mes maux.
Nos jours vont s'écouler ensemble.
Daignez oublier mes erreurs,
Je serai digne de vos cœurs,
Et de l'ami qui nous rassemble.

DOLOSKI.

Vous allez donc vous rendre au bien-aimé rivage!
Pendant les apprêts du voyage,
Fortuné père; heureux époux!

Agréez en ces lieux des plaisirs délectables,
Et prenez part aux jeux aimables
Qu'on y va célébrer pour vous.

CHŒUR GÉNÉRAL.

Triomphez du destin barbare,
Nobles mortels, séchez vos pleurs :
Oubliez de trop longs malheurs ;
Ce moment déjà les répare,
Et l'avenir pour vous prépare
Des jours tissus d'or et de fleurs.

Les gardes, pendant le chœur, se rangent autour du trône. Doloski, prenant la main de Natalie, la conduit sur le sopha, où se placent ensuite à ses côtés Voldik et Varemzor. Alexis s'établit sur un coussin, aux pieds de sa mère. Les officiers du prince environnent, avec respect, l'intéressante famille; et le gouverneur va occuper, immédiatement au-dessous du trône, la place qui lui est destinée.

BALLET.

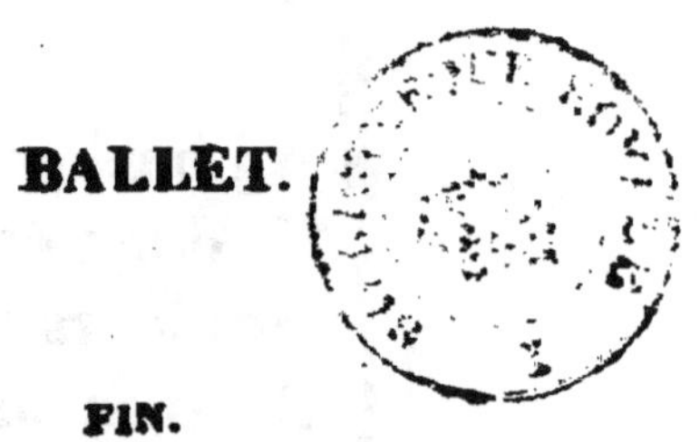

FIN.

www.ingramcontent.com/pod-product-compliance
Lightning Source LLC
LaVergne TN
LVHW010624110826
845149LV00003B/1043

* 9 7 8 2 0 1 9 2 0 6 1 0 9 *